FLOWER DESIGN HANDBOOK

DESIGN FLORAL **|** BLUMENMUSTER **|** BLOEMMOTIEVEN

© 2009 booQs publishers bvba
Godefriduskaai 22
2000 Antwerp
Belgium
Tel.: + 32 3 226 66 73
Fax: + 32 3 226 53 65
www.booqs.be
info@booqs.be

ISBN: 978-94-60650-07-9
WD: D/2009/11978/008
(Q008)

Illustrations: Sergio Guinot Studio
Texts: Sergio Guinot Studio
Text edition: Cristian Campos
Art direction: Mireia Casanovas
Layout: Maira Purman
Translation: Cillero & de Motta Traducción

Editorial project:
maomao publications
Via Laietana, 32, 4.º, of. 104
08003 Barcelona, Spain
Tel.: +34 932 688 088
Fax: +34 933 174 208
maomao@maomaopublications.com
www.maomaopublications.com

Printed in China

FLOWER DESIGN HANDBOOK

DESIGN FLORAL | BLUMENMUSTER | BLOEMMOTIEVEN

CONTENTS

The universal language of flowers

Flowers are one of nature's most beautiful gifts. They possess great beauty and give off exquisite and fresh scents full of subtle qualities. Their infinite varieties come in all shapes, sizes and colors, from the modest daisy to the unlikely complexity of the passionflowers. All of these characteristics enable us to express countless emotions through flowers: love, hate, happiness, tenderness, sadness, etc., so much so that it is difficult to find someone who does not appreciate flowers or cannot identify and/or feel attracted by a certain variety.

The use of floral motifs in ornamentation and decoration is common to practically all civilizations, from ancient times to today. From the repetitive floral geometries – which the Greeks made use of – to modern iconic imagery of contemporary design, we can find representation of plants and of the elegance of gardens and landscapes in the art of all the great civilizations.

This book contains more than 500 floral motifs and is divided into five chapters: realistic patterns, classical patterns, friezes, contemporary patterns, and, lastly, ceiling roses and *mandalas*. All of the included floral motifs have been designed to show the greatest possible flexibility and versatility. They can be combined, used in

full or part, as an exact model, and as a suggestion or inspiration for the reader's design. If the
reader also wants to add color, it is helpful to
know that warm colors (reds, yellows, oranges,
etc.) capture the attention of the observer and
they convey passion, joy, and enthusiasm; they
are symbols of light and energy. Cold, pale colors
(blues, greens, grays, etc.) convey a sense of balance, stability, tranquility and security. Addition-
ally, different types of flowers have an associated
symbolism: sunflowers are associated with spon-
taneity; roses with purity and beauty; tulips with
faithfulness; daisies with childhood and innocence, among others, not to mention other types
of more complex symbolisms almost always associated with the ephemeral beauty of flowers.

As the reader will see, floral motifs are ideal for dec-
orating any garment, beautifying any object, and
embellishing any room. They enhance the creation
of a pleasant and welcoming atmosphere.

Flowers are undeniably a universal language.

Sergio Guinot
www.artesecuencial.com

Le langage universel des fleurs

Les fleurs sont l'un des plus beaux cadeaux de la nature. D'une grande beauté, elles diffusent des arômes frais et exquis, pleins de subtiles nuances. Leur innombrable variété révèle une infinité de couleurs et de formes, de la plus modeste marguerite à l'incroyable complexité des passiflores. Grâce à cet ensemble de caractéristiques, les fleurs nous permettent d'exprimer d'innombrables sentiments : amour, haine, bonheur, tendresse, tristesse... À tel point qu'il est difficile de trouver une personne qui n'apprécie pas les fleurs ou qui ne s'identifie pas et/ou ne se sent pas attirée par une espèce en particulier.

L'utilisation de motifs floraux dans l'ornementation et la décoration est courante dans presque toutes les civilisations, depuis l'Antiquité jusqu'à nos jours. Des géométries florales récurrentes dont se servaient les Grecs aux figurations iconiques modernes du design contemporain, on peut trouver dans l'art de toutes les grandes civilisations, des représentations de la nature végétale et de l'élégance de ses jardins et de ses paysages.

Ce livre comprend plus de 500 motifs floraux, divisés en cinq chapitres : motifs réalistes, motifs classiques, frises, motifs contemporains et enfin rosaces et mandalas. Tous les motifs floraux inclus ont été conçus pour montrer la plus grande flexibilité et versatilité possible : on peut les combiner, les utiliser partiellement ou totalement, en tant que tel ou comme suggestion ou inspiration pour les designs du lecteur. Si en plus ce dernier souhaite ajouter de la couleur à l'ensemble, il appréciera de savoir que les couleurs chaudes et vives (rouges, jaunes, oranges...) attirent l'attention de l'observateur et communiquent passion, joie et enthousiasme, car elles sont symboles de lumière et d'énergie. De leur côté, les couleurs froides et douces (bleus, verts, gris...) apportent équilibre, stabilité, sérénité et sécurité. Les différents types de fleurs sont chargés de symbolisme : le tournesol représente la spontanéité, les roses la virginité et la beauté, les tulipes la fidélité, les marguerites l'enfance et l'innocence... Sans parler d'autres types de symbolismes plus complexes presque toujours associés à l'éphémère beauté d'une fleur.

Comme le lecteur pourra le constater, les motifs floraux sont sans aucun doute une solution idéale pour orner n'importe quel type de vêtement, embellir un objet et décorer une pièce, car ils permettent de créer une atmosphère agréable et accueillante.

Les fleurs sont en définitive un langage universel.

Sergio Guinot
www.artesecuencial.com

Blumensprache als Weltsprache

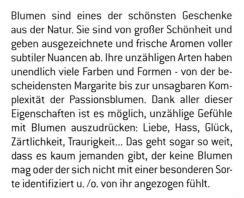

Blumen sind eines der schönsten Geschenke aus der Natur. Sie sind von großer Schönheit und geben ausgezeichnete und frische Aromen voller subtiler Nuancen ab. Ihre unzähligen Arten haben unendlich viele Farben und Formen - von der bescheidensten Margarite bis zur unsagbaren Komplexität der Passionsblumen. Dank aller dieser Eigenschaften ist es möglich, unzählige Gefühle mit Blumen auszudrücken: Liebe, Hass, Glück, Zärtlichkeit, Traurigkeit... Das geht sogar so weit, dass es kaum jemanden gibt, der keine Blumen mag oder der sich nicht mit einer besonderen Sorte identifiziert u. /o. von ihr angezogen fühlt.

Die Verwendung von Blumenmustern bei der Verzierung und Dekoration ist praktisch allen Zivilisationen gemein, vom Altertum bis in unsere Tage. Von den sich wiederholenden Blumengeometrien der Griechen bis zur modernen ikonischen Darstellung zeitgenössischen Designs, findet man in der Kunst aller bedeutenden Zivilisationen Darstellungen pflanzlicher Art, sowie die Eleganz ihrer Gärten und Landschaften.

Dieses Buch enthält über 500 Blumenmuster, die in fünf Kapitel aufgeteilt sind: realistische Muster, klassische Muster, Bordüren, zeitgenössische Muster und abschließend Rosetten und Mandalas. Alle enthaltenen Blumenmuster wurden entworfen, um eine höchstmögliche Flexibilität und Vielseitigkeit zu bieten: Sie können untereinander kombiniert, ganz oder teilweise, als exaktes Mo-

dell oder als Vorschlag und Anregung für die Entwürfe des Lesers eingesetzt werden. Wenn evtl. noch Farbe hinzugefügt werden soll, muss der Leser wissen, dass warme und glänzende (rote, gelbe, orange...) Farben die Aufmerksamkeit des Betrachters erwecken und Leidenschaft, Freude und Enthusiasmus ausstrahlen, da sie Licht- und Energiesymbole sind. Kalte (blaue, grüne, graue...) Farben hingegen vermitteln Gleichgewicht, Stabilität, Gelassenheit und Sicherheit. Außerdem wird einzelnen Blumen eine Symbolik zugeordnet: Sonnenblumen stehen für Spontaneität, Rosen für Jungfräulichkeit und Schönheit, Tulpen für Treue, Margariten für Kindheit und Unschuld... Dazu kommen komplexere Symbole, die fast immer mit der kurzlebigen Schönheit der Blumen zusammenhängen.

Der Leser wird feststellen, dass Blumenmuster zweifellos eine ideale Lösung zur Verzierung von Kleidungsstücken, Verschönerung von Gegenständen und als Schmuck aller Räume darstellen, sowie dabei helfen, eine angenehme und gemütliche Atmosphäre zu schaffen.

Somit ist die Blumensprache definitiv eine Weltsprache.

Sergio Guinot
www.artesecuencial.com

De universele taal van bloemen

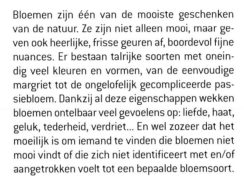

Bloemen zijn één van de mooiste geschenken van de natuur. Ze zijn niet alleen mooi, maar geven ook heerlijke, frisse geuren af, boordevol fijne nuances. Er bestaan talrijke soorten met oneindig veel kleuren en vormen, van de eenvoudige margriet tot de ongelofelijk gecompliceerde passiebloem. Dankzij al deze eigenschappen wekken bloemen ontelbaar veel gevoelens op: liefde, haat, geluk, tederheid, verdriet... En wel zozeer dat het moeilijk is om iemand te vinden die bloemen niet mooi vindt of die zich niet identificeert met en/of aangetrokken voelt tot een bepaalde bloemsoort.

Van de Oudheid tot aan onze dagen worden in praktisch alle beschavingen bloemmotieven voor versiering en decoratie gebruikt. Van zich herhalende bloemenconfiguraties – die de Grieken gebruikten – tot de moderne iconische voorstellingen van het eigentijdse design; in de kunst van alle grote beschavingen kunnen we belichamingen van de natuur en van de elegantie van tuinen en landschappen terugvinden.

Dit boek bevat meer dan 500 bloemmotieven verdeeld over vijf hoofdstukken: realistische patronen, klassieke patronen, sierranden, eigentijdse patronen en ten slotte rozetten en mandala's. Alle opgenomen bloemmotieven zijn ontworpen om een zo groot mogelijke flexibiliteit en veelzijdigheid te bieden: ze kunnen met elkaar gecombineerd worden en volledig of gedeeltelijk, als exact model of als inspiratiebron voor de lezers eigen

ontwerpen gebruikt worden. Wil de lezer bovendien meer kleur aan het geheel geven, dan is het
interessant om te weten dat warme en stralende
kleuren (roden, gelen, oranjes,...) de aandacht
van de toeschouwer trekken en hartstocht, vro-
lijkheid en enthousiasme overbrengen, omdat het
de symbolen van licht en energie zijn. Anderzijds
brengen koude en getemperde kleuren (blauwen,
groenen, grijzen,...) evenwicht, stabiliteit, kalmte
en veiligheid over. De verschillende bloemsoorten
hebben bovendien een geassocieerde symboliek:
de zonnebloem staat voor spontaniteit, rozen
voor maagdelijkheid en schoonheid, tulpen voor
trouw, margrieten voor kindsheid en onschuld...
Om het maar niet te hebben over nog een ander
soort, nog complexer symbolisme dat bijna altijd
wordt geassocieerd met de kortstondige schoonheid van een bloem.

Als lezer kunt u vaststellen dat bloemmotieven
zonder twijfel een ideale oplossing zijn om kle-
dingstukken te versieren, wat voor voorwerp dan
ook te verfraaien en gelijk welk willekeurig vertrek
mooi te maken, zodat een aangename, gezellige
sfeer kan worden gecreëerd.

Kortom, bloemen zijn een universele taal.

Sergio Guinot
www.artesecuencial.com

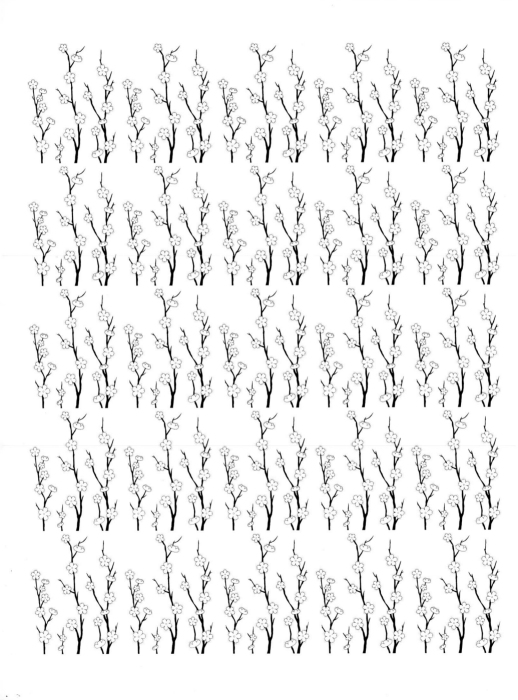

Realistic patterns
Motifs réalistes
Realistische Muster
Realistische patronen

The appeal and versatility of different types of flowers have always inspired all types of artists who have used them as a main or secondary motif in their works. Throughout history, flowers have been represented following the guidelines of expression, and the styles and trends of each era, but the realist style has never gone out of fashion because as a style it is the one that best reflects the atemporal beauty of flowers.

Le charme et la versatilité des différents types de fleurs ont inspiré depuis toujours de nombreux artistes qui les ont utilisées comme motif principal ou secondaire de leurs œuvres. Tout au long de l'histoire, les fleurs ont été représentées, toujours selon certains critères d'expression, les styles et les modes de chaque époque, mais le style réaliste n'est jamais passé de mode car c'est celui qui reflète le mieux la beauté intemporelle des fleurs.

Anmut und Vielseitigkeit der einzelnen Blumenarten haben schon immer Künstler aller Richtungen inspiriert, sie als Haupt- oder Nebenmotiv für ihre Werke zu verwenden. Im Laufe der Geschichte wurden Blumen jeweils entsprechend der Darstellungsregeln, Stile und Moden der einzelnen Epochen dargestellt. Der realistische Stil ist jedoch nie aus der Mode gekommen, da er die zeitlose Schönheit der Blumen am besten wiedergibt.

De bekoring en veelzijdigheid van de verschillende bloemsoorten hebben sinds mensenheugenis allerlei kunstenaars geïnspireerd. Zij hebben deze gebruikt als hoofd- of ondergeschikt motief van hun kunstwerken. In de loop van de geschiedenis zijn bloemen afgebeeld volgens de expressieregels, stijlen en trends van elke periode. De realistische stijl is echter nooit uit de mode geweest, want deze weerspiegelt de tijdloze schoonheid van de bloemen.

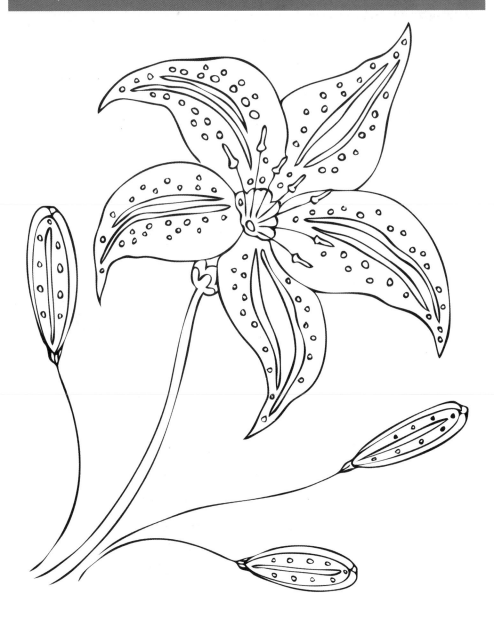

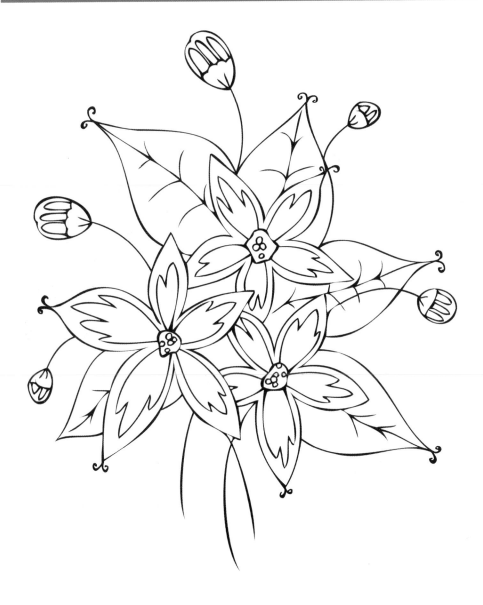

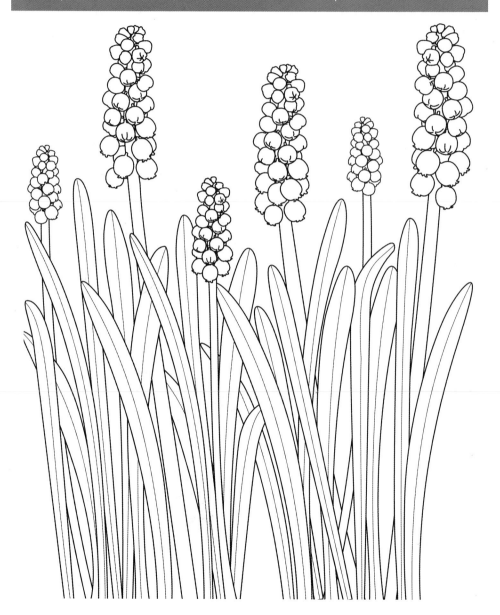

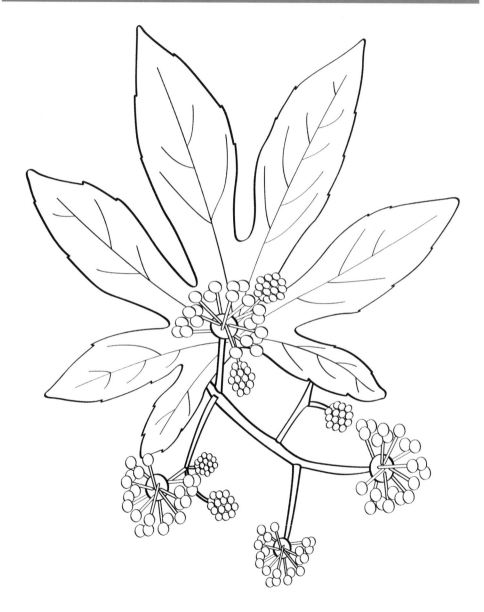

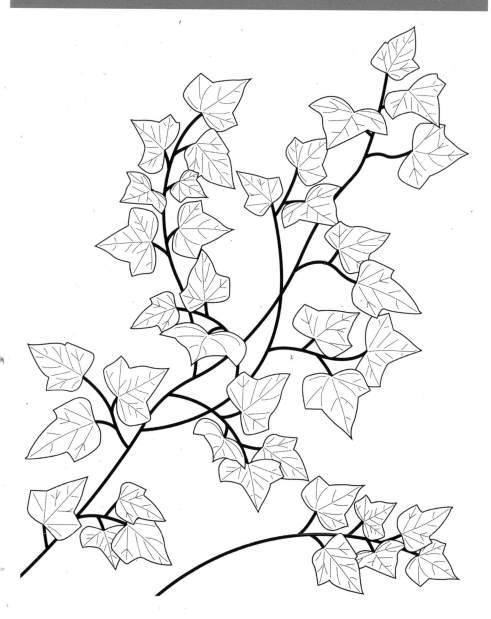

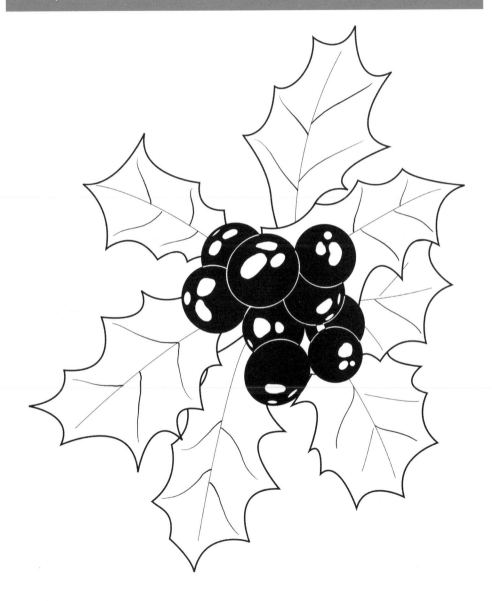

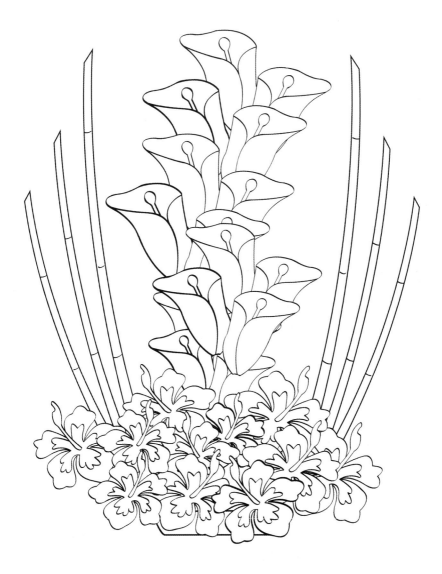

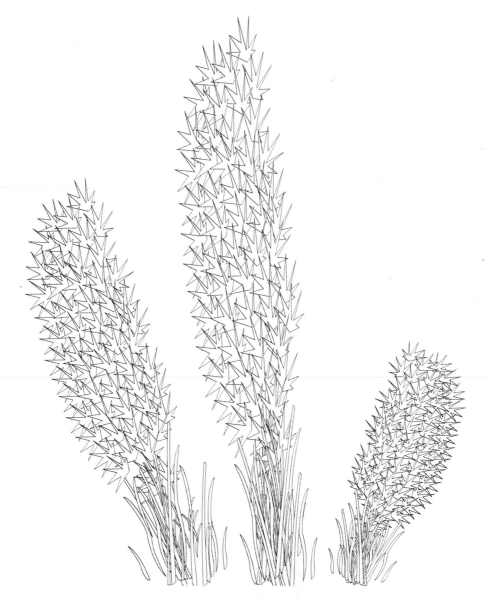

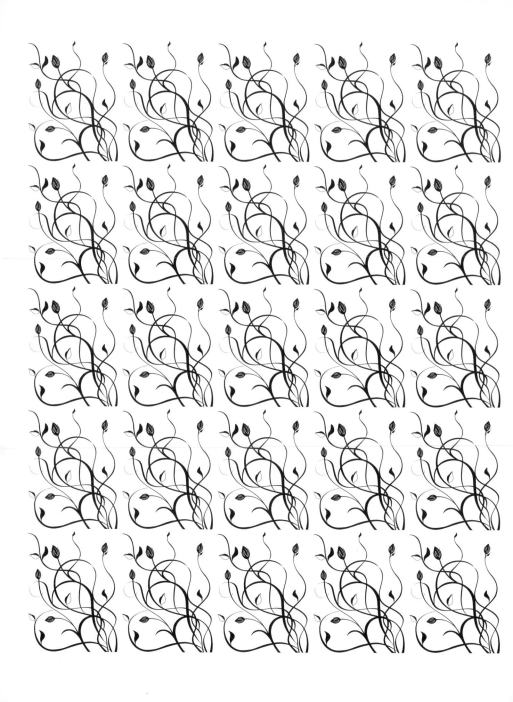

Classical patterns
Motifs classiques
Klassische Muster
Klassieke patronen

For centuries, human beings have depicted the plant world in sculptures, paintings, apparels and even as decorative details in architectural works. It is not strange that in the multicultural society that we live in, we have recovered the taste for the motifs and designs created by past, great civilisations. This tendency is not only due to their high artistic value, but also their capacity to evoke other eras and places.

Dès l'Antiquité, l'être humain a représenté le monde végétal par des sculptures, des peintures, des tenues et même des détails décoratifs sur des ouvrages d'architecture. Il n'est pas surprenant qu'une société multiculturelle comme la nôtre ait retrouvé le goût pour les motifs et les designs créés par les grandes civilisations du passé. Cette tendance n'est pas seulement due à leur considérable valeur artistique, mais également à leur grande capacité à évoquer d'autres époques et d'autres lieux.

Seit dem Altertum hat der Mensch die Pflanzenwelt auf Skulpturen, Gemälden, Stoffen und sogar als Verzierung architektonischer Werke dargestellt. Daher ist es nicht verwunderlich, dass eine multikulturelle Gesellschaft wie unsere wieder auf den Geschmack der Muster und Designs bedeutender Zivilisationen aus der Vergangenheit gekommen ist. Dieser Trend ist nicht nur auf ihren hohen künstlerischen Wert zurückzuführen, sondern auch auf ihre beachtliche Fähigkeit, frühere Zeiten und Orte wieder ins Gedächtnis zu rufen.

Sinds de oudheid heeft de mens de plantenwereld weergegeven in beeldhouwwerken, schilderijen, kledij en zelfs als decoratieve details in bouwwerken. Het is dan ook niet verwonderlijk dat onze multiculturele samenleving weer een voorkeur heeft voor motieven en ontwerpen die door de grote beschavingen van het verleden zijn gecreëerd. Deze trend is niet alleen te danken aan de hoge artistieke waarde ervan, maar ook aan het vermogen om andere tijden en plaatsen in herinnering te roepen.

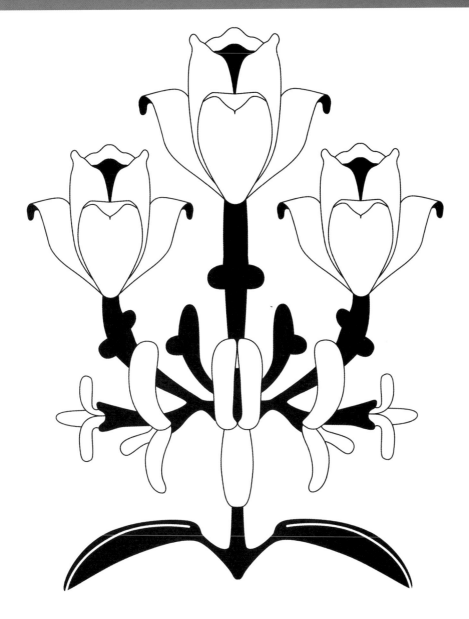

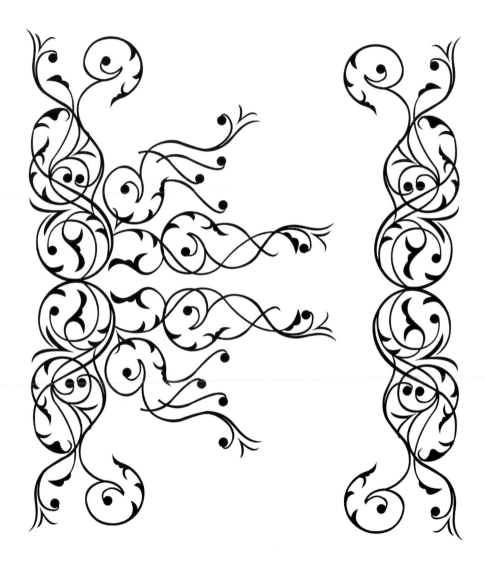

Friezes
Frises
Bordüren
Sierranden

Friezes (or frets), from Greece, evolved during the height of the Roman Empire, going from set geometric patterns to complex representations that linked waves and spirals in improbable arrangements. From then, friezes have become one of the most useful graphic design resources due to their flexibility, as the chosen motif can be repeated to fill the desired space.

Les frises, originaires de Grèce, ont évolué durant l'apogée de l'Empire Romain, autrefois, inamovibles patrons géométriques, elles sont alors devenues des représentations complexes mêlant ondulations et spirales de manière invraisemblable. Depuis lors, les frises sont devenues l'une des ressources graphiques les plus courantes grâce à leur flexibilité, car le motif choisi peut se répéter jusqu'à atteindre la longueur souhaitée.

Die ursprünglich aus Griechenland stammenden Bordüren (oder Borten) entwickelten sich während der Glanzzeit des römischen Reiches von unbeweglichen geometrischen Mustern zu komplexen Darstellungen weiter, die Wellen und Spiralen auf erstaunliche Art verbanden. Seitdem haben Bordüren sich aufgrund ihrer Flexibilität als eine der ergiebigsten Ressourcen im graphischen Design erwiesen, da das gewählte Muster beliebig lang wiederholt werden kann.

Sierranden (of lofwerk), oorspronkelijk uit Griekenland afkomstig, kwamen tot ontwikkeling tijdens de bloeiperiode van het Romeinse Rijk toen men van vaste geometrische vormen overging op complexe afbeeldingen die golven en spiralen op onwaarschijnlijke wijze met elkaar verbonden. Sindsdien zijn sierranden dankzij hun flexibiliteit een van de meest gebruikte hulpmiddelen geworden van het grafische ontwerp. Het gekozen motief kan zich namelijk net zolang herhalen tot de gewenste lengte wordt bereikt.

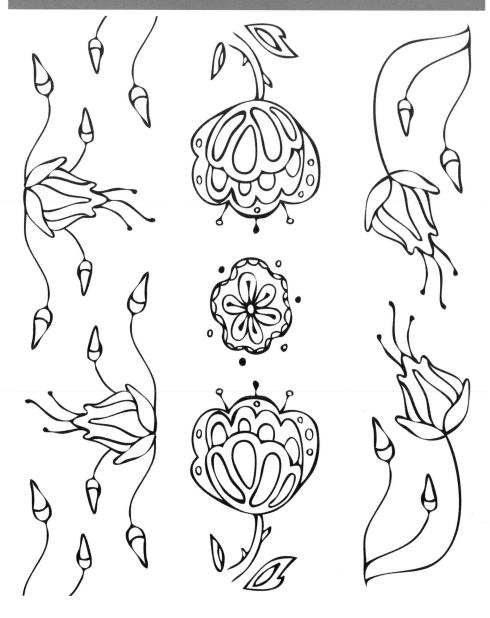

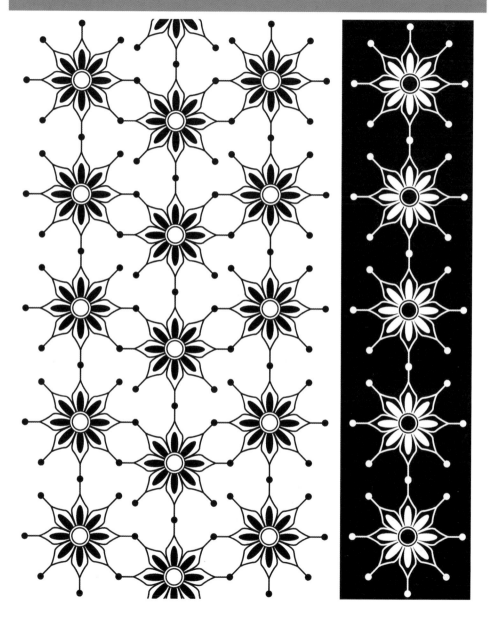

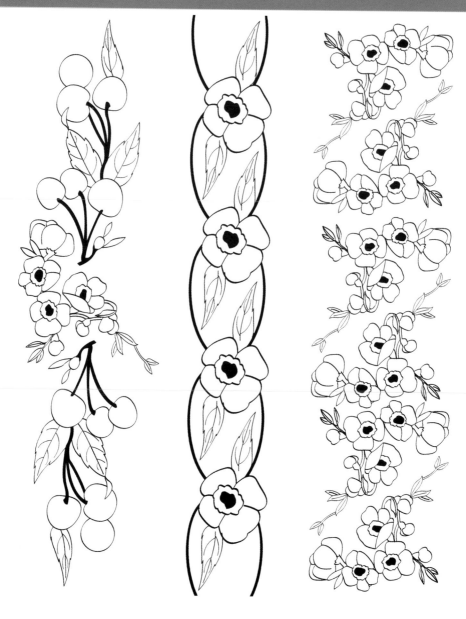

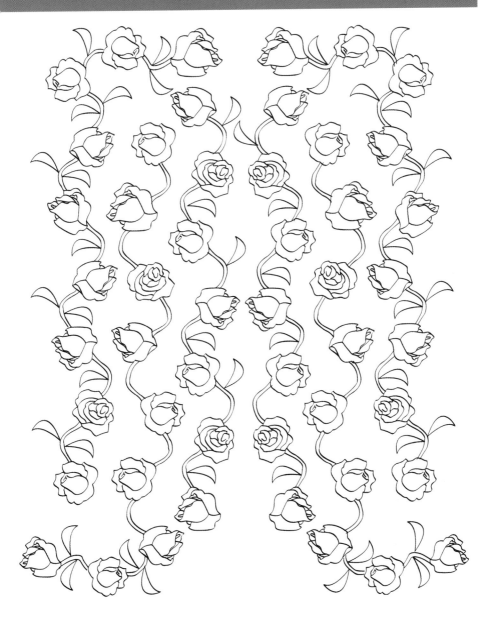

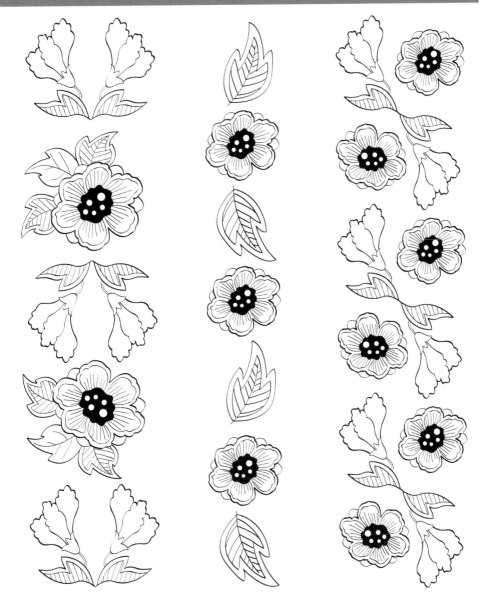

Contemporary patterns
Motifs contemporains
Zeitgenössische Muster
Eigentijdse patronen

More modern trends in graphic design have generated a new form of floral representation that, like a breath of fresh air, has successfully inundated television, press, advertising, logotypes and in general all current forms of graphic expression. Such trends are based on the use of stylized curves and on the transformation of floral elements into minimalist icons, combining them in very different geometric patterns.

Les tendances les plus avant-gardistes du design graphique ont donné jour à une nouvelle forme de représentation florale qui, comme un souffle d'air frais, a inondé avec un immense succès la télévision, la presse, la publicité, les logos et, plus généralement, toutes les formes d'expression graphique actuelles. Ces tendances se basent sur l'utilisation de courbes stylisées et la transformation des éléments floraux en icônes minimalistes, combinant tout cela en patrons géométriques très contrastés.

Die avantgardistischsten Trends des graphischen Designs haben eine neue Art der Blumendarstellung geschaffen, die wie ein frischer Hauch Fernsehen, Presse, Werbung, Logos und generell alle Formen der aktuellen graphischen Ausdrucksweise erobert hat. Diese Trends basieren auf dem Einsatz stilisierter Kurven und der Umwandlung blumiger Elemente in minimalistische Ikonen, welche wiederum in kontrastreichen geometrischen Mustern kombiniert werden.

Uit de meest avant-gardistische trends van grafische ontwerpen is een nieuwe vorm van bloemenafbeeldingen ontstaan, die als een frisse wind met groot succes televisie, pers, reclame, logo's en, in het algemeen, alle huidige grafische uitdrukkingsvormen heeft overspoeld. Deze trends zijn gebaseerd op het gebruik van gestileerde kromme lijnen en op de verandering van bloemmotieven in minimalistische iconen, dit alles gecombineerd in zeer contrasterende geometrische patronen.

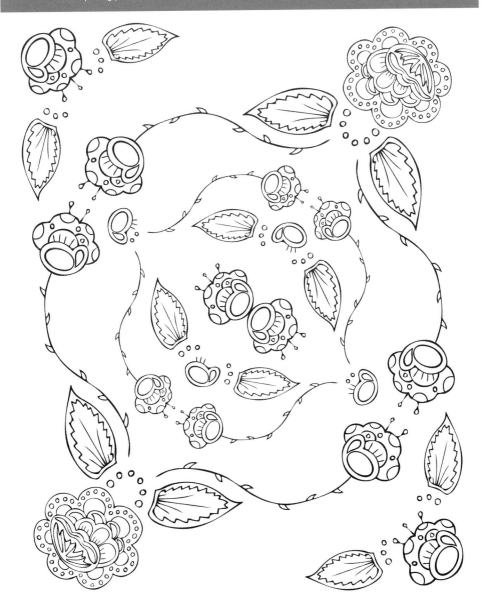

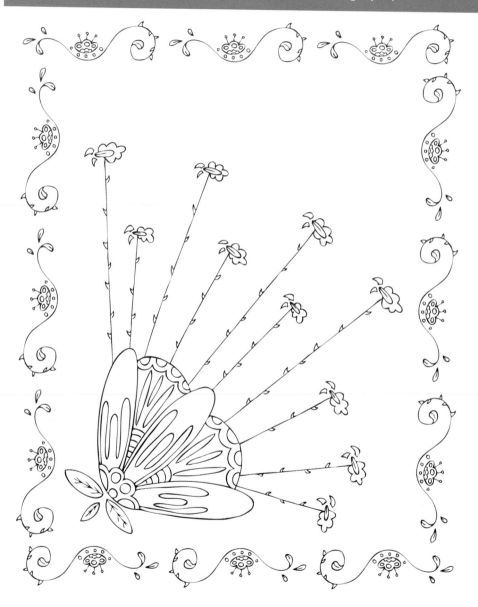

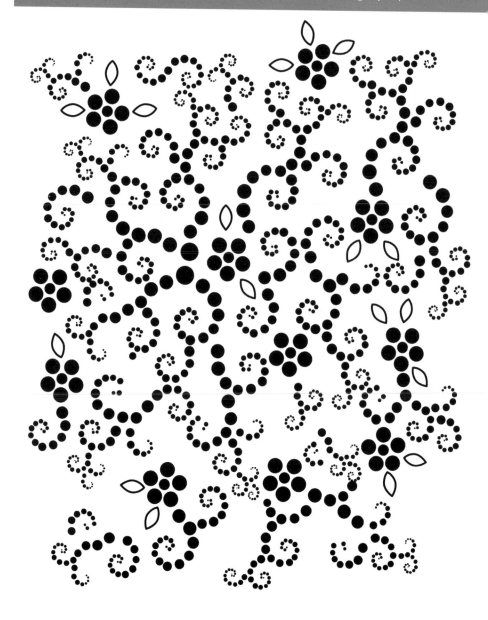

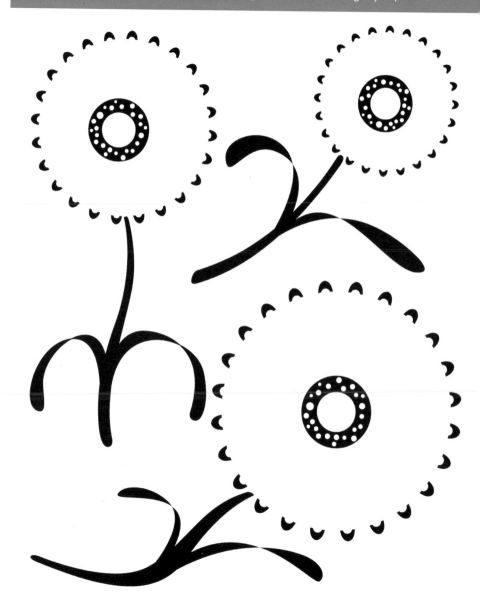

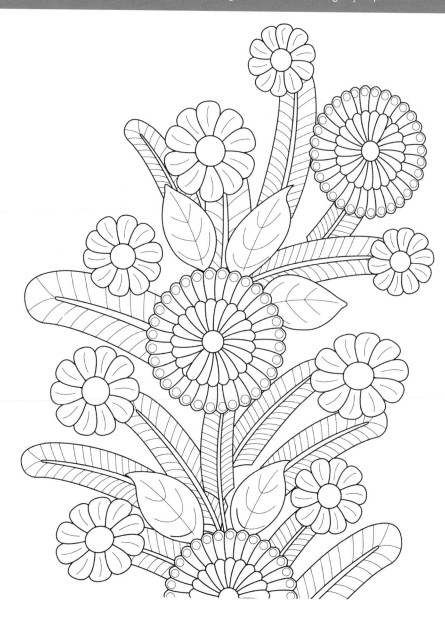

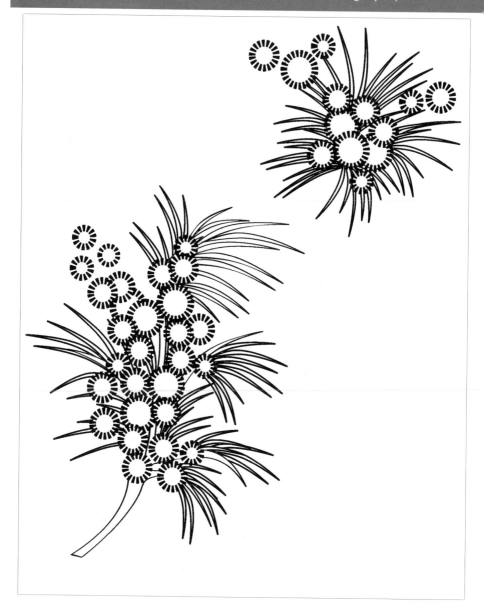

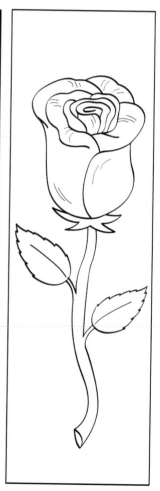

Ceiling roses and mandalas
Rosaces et mandalas
Rosetten und Mandalas
Rozetten en mandala's

Circular patterns are normally used to decorate square areas, since they balance or eliminate the sensation of stagnation of these spaces. The most coherent example of circular patterns are the typical Eastern mandalas, made up of four either identical or very similar sections (or quarters), arranged in an identical or very similar way. In certain areas of the West, these complex representations of so-called microcosms and macrocosms are interpreted as symbols and instruments of spiritual peace.

Les patrons circulaires sont généralement utilisés pour décorer des zones carrées, car ils équilibrent ou éliminent la sensation de tassement propre à ces espaces. Les exemples les plus évidents de patrons circulaires sont les mandalas orientaux typiques, composés de quatre sections (ou quarts) identiques ou très semblables. Dans certaines régions d'Occident, ces représentations complexes de ce que l'on appelle « microcosmes » et « macrocosmes » sont interprétées comme des symboles et des instruments de paix spirituelle.

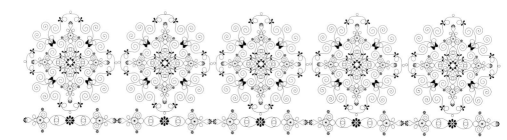

Kreisförmige Muster werden normalerweise zur Dekoration quadratischer Bereiche eingesetzt, um den eher starren Eindruck dieser Flächen auszugleichen oder aufzuheben. Das deutlichste Beispiel runder Muster sind die typischen orientalischen Mandalas, die aus vier identischen oder sehr ähnlich gestalteten Bereichen (oder Vierteln) bestehen. In einigen Kreisen der westlichen Welt werden diese komplexen Darstellungen sogenannter „Mikrokosmen" und „Makrokosmen" als Symbole oder Instrumente des inneren Friedens ausgelegt.

Cirkelvormige patronen worden vaak gebruikt om vierkante ruimten te decoreren, omdat zij het voor die ruimten typische gevoel van stagnatie in balans brengen of opheffen. Het duidelijkste voorbeeld van een cirkelvormig patroon is de typische oosterse mandala die is opgebouwd uit vier delen (of kwarten) die alle vier op dezelfde of een soortgelijke wijze zijn opgesteld. In bepaalde sectoren in het Westen worden deze complexe voorstellingen van de zogenaamde "microkosmos" en "macrokosmos" geïnterpreteerd als symbolen en instrumenten van spirituele vrede.

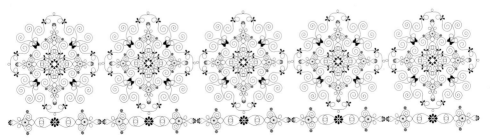

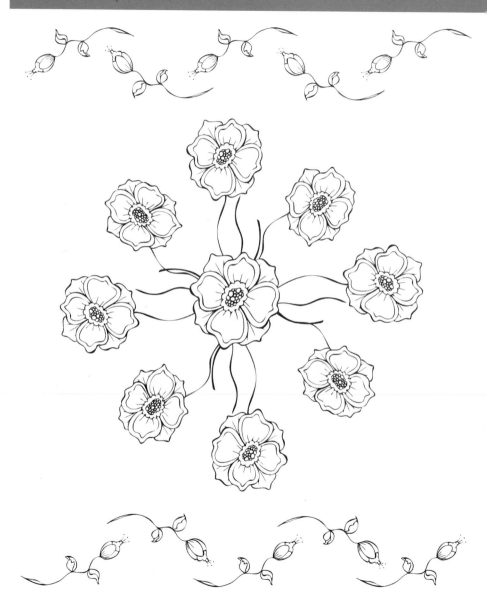

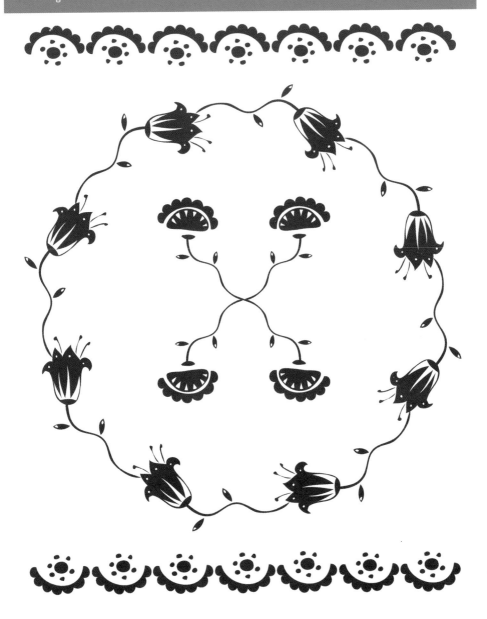